BEI GRIN MACHT SICH IHR WISSEN BEZAHLT

- Wir veröffentlichen Ihre Hausarbeit,
  Bachelor- und Masterarbeit

- Ihr eigenes eBook und Buch -
  weltweit in allen wichtigen Shops

- Verdienen Sie an jedem Verkauf

Jetzt bei www.GRIN.com hochladen und kostenlos publizieren

Bibliografische Information der Deutschen Nationalbibliothek:

Die Deutsche Bibliothek verzeichnet diese Publikation in der Deutschen National-bibliografie; detaillierte bibliografische Daten sind im Internet über http://dnb.d-nb.de/ abrufbar.

Impressum:

Copyright © 2017 GRIN Verlag
Druck und Bindung: Books on Demand GmbH, Norderstedt Germany
ISBN: 9783346077844

Dieses Buch bei GRIN:

https://www.grin.com/document/504116

Anna Diehl

Diagnose, Differenzierung und Förderung bei Hochbegabung

Eine Unterrichtsreihe über Differenzierungsmöglichkeiten leistungsstarker Schüler (4. Klasse)

GRIN Verlag

GRIN - Your knowledge has value

Der GRIN Verlag publiziert seit 1998 wissenschaftliche Arbeiten von Studenten, Hochschullehrern und anderen Akademikern als eBook und gedrucktes Buch. Die Verlagswebsite www.grin.com ist die ideale Plattform zur Veröffentlichung von Hausarbeiten, Abschlussarbeiten, wissenschaftlichen Aufsätzen, Dissertationen und Fachbüchern.

Besuchen Sie uns im Internet:

http://www.grin.com/

http://www.facebook.com/grincom

http://www.twitter.com/grin_com

PROJEKTWOCHE „ENGLAND"

Eine fachübergreifende Unterrichtsreihe anwendbar in der 4. Klasse mit besonderem Merkmal auf die Differenzierung leistungsstarker Schüler

Anna Diehl

Universität Koblenz-Landau Campus Koblenz

Inhaltsverzeichnis

1.Einleitung

In der Veranstaltung ‚Diagnostik und Förderung von Hochbegabung' im Modul 4 des Studiengangs Bachelor of Education mit der angestrebten Schulart Grundschule wird sich zunächst mit der Fragestellung nach der Definition, der Diagnose und der Förderung von Hochbegabung auseinandergesetzt. Nachdem die verschiedenen Themenbereiche veranschaulicht und diskutiert werden, wenden die Studenten das Gelernte in einem Entwurf für eine Unterrichtsreihe an, welche auf die Differenzierung von lernstärkeren Schülern und ihre optimale Förderung ausgelegt ist.

Die folgende Arbeit beschäftigt sich im theoretischen Teil zunächst mit der Definition von Hochbegabung, welche sich als äußerst schwierig darstellt.

Über die Jahre haben sich viele verschiedene Definitionsvarianten ergeben, von denen man allerdings keine als die ‚richtige' oder ‚allgemein anerkannte' auswählen könnte, denn „ ‚Begabung' ist alles andere als ein präziser Begriff" (Rost, 1991, S.26) und keine Definition wird von allen Wissenschaftlern gleichermaßen akzeptiert und schließt alle Aspekte von Begabung ein. Dennoch wurde immer deutlicher, dass man leistungsstarke Menschen fördern müsse. Im 20. Jahrhundert wurden sie dies besonders in der UdSSR, der DDR und den USA nicht nur um ihrer, sondern auch um der Gesellschaft Willen. Sie wurden als Marionetten in den verschiedensten Systemen missbraucht, was sich leider heute nicht unbedingt komplett geändert hat. Trotzdem steht in unserer jetzigen Gesellschaft im Vordergrund, die Neugier und die Wissenslust der Kinder zu stillen, um ihnen Kraft und Selbstvertrauen zu geben.

Hierzu ist aber zunächst eine Diagnose von Hochbegabung erforderlich, die meistens über Tests des sogenannten IQ-Faktors stattfindet oder über Beobachtung der schulischen Leistungen. Auch diese Vorgehensweisen sind aber umstritten, da nicht jeder Schüler mit guten Noten zwangsläufig hochbegabt ist und da ein hoher Intelligenzquotient nicht unbedingt mit begabt und leistungsstark in Verbindung gebracht werden kann.

Wird allerdings dennoch eine Hochbegabung festgestellt, beginnt die Schwierigkeit für die Lehrkraft, differenziert vorzugehen um den leistungsstarken Schüler optimal zu fördern eine komplizierte und arbeitsaufwendige Aufgabe, da man zum einen den besagten Schüler mit passendem Material ausstatten sollte, ihn zum anderen aber auch nicht von der Klasse abgrenzen darf, sodass er in ein soziales Dilemma gerät in dem er als ‚Streber' oder ‚Nerd' bezeichnet wird.

Zusammenfassend ist daher festzuhalten, da es beim Thema „Hochbegabung" nicht nur Probleme mit der Definition, sondern auch mit der ‚richtigen' Diagnose, Differenzierung und Förderung gibt. Obwohl unterschiedlichste Forscher und Wissenschaftler eine Menge an Diagnosemöglichkeiten sowie Förderungsideen mit Hilfe von Spezialschulen, dem Überspringen von einer oder mehrerer Klasse sowie dem vorzeitigem Besuch von Universitätskursen hervorgebracht haben, muss man doch klarstellen, dass die schulische Betreuung von leistungsstarken Schülern nicht verallgemeinert werden kann und dass es nicht den ‚einen richtigen Weg' gibt, sondern dass man ein individualisiertes, auf den Schüler angepasstes Vorgehen wählen sollte. Im Folgenden wird von dem Schüler in der maskulinen Schreibweise berichtet, um den Lesefluss zu vereinfachen. Dennoch sind natürlich Schüler und Schülerinnen in gleichem Maße gemeint.

Der praktische Teil der Arbeit besteht aus einer Unterrichtsreihe, die auf eine 4. Klasse in der Grundschule ausgelegt ist. In einer dreitägigen fachübergreifenden Projektwoche mit dem Thema ‚England' werden verschiedenen Differenzierungsmöglichkeiten aufgezeigt, die man in den Unterrichtseinheiten anwenden kann. Die Schüler lernen die Kultur, das Land und die

Sprache besser kennen und erarbeiten eine Abschlusspräsentation sowie eine Projektmappe um ihr Gelerntes zu verinnerlichen. Dies soll ihnen helfen, einen reibungsloseren Start in die fünfte Klasse und somit auch die weiterführende Schule zu gewähren, da dort Englisch als erste Fremdsprache oft sehr überfordernd auf die Kinder wirkt.

2. Begriffserklärung Hochbegabung

Hochbegabung. Dazu gibt es die verschiedensten Meinungen und doch wissen viele nicht, was unter diesem Begriff genau zu verstehen ist. In der Schule verbindet man dieses Thema mit Schülern, die besonders gute Leistungen erbringen. Sie haben fast immer Antwort auf eine Frage und haben in jeder Arbeit Bestnoten. Das ganze gelingt ihnen meist noch ohne ganz fleißig viel zu lernen sondern 'fliegt ihnen förmlich zu'. Diese 'Lern-Genies' oder 'Überflieger' haben oftmals eifersuchtsbedingt keinen besonders guten Ruf bei ihren Mitschülern, weshalb sie schnell als 'Streber', 'Klugscheißer' oder 'Intelligenzbestie' abgestempelt werden. Doch sind Schüler mit guten Noten automatisch hochbegabt? Oder sind sie einfach nur ein bisschen schlauer als die restliche Klasse?

Das folgende Kapitel befasst sich zunächst mit verschiedenen bekannten Definitionen sowie Diagnosemöglichkeiten. Im weiteren Verlauf folgen Fördermaßnahmen und Differenzierungsansätze, die bei besonders befähigten Schülern auch im Zusammenhang mit der gesamten Klasse angewandt werden können.

Dabei ist allerdings vorab schon festzuhalten, dass Hochbegabung ein sehr heikles und breit diskutiertes Thema ist, und dass es keine Musterlösung dafür gibt, wie man mit einem hochleistungsfähigen Kind umgehen sollte.

2.1 Definition und Diagnose

Die Definitionen zum Begriff 'Hochbegabung' sind heutzutage auf Grund ihrer hohen Anzahl von über 100 (Wieczerkowski & Wagner, 1985) unüberschaubar. Dennoch wird versucht, sie in 'Definitionsklassen' (Feger 1980) einzuteilen. Oft gehen die Definitionen mit Diagnosemöglichkeiten einher.

Die bekannteste Definition und Diagnose ist die IQ-Definition (Lucito, 1964), die besagt, dass ein Mensch, der einen Intelligenzquotient-Test mit einem IQ-Wert über 130 oder höher abschließt, hochbegabt ist.

Desweitern kann auch die Ex-post-facto Definition (Lucito, 1964) angewandt werden, welche auf die herausragenden Leistungen eines Menschen zielt. Dies kann allerdings erst im Nachhinein diagnostiziert werden. Bekannte Fälle wären hierbei zum Beispiel Nelson Mandela, der politisch und sozial Großartiges geleistet hat, sowie Einstein auf dem Gebiet der Physik und Mathematik und Mozart im Bereich der Musik.

Weiterhin wird Begabung auch häufig in vier verschiedene Bereiche eingeteilt – die intellektuelle Begabung, die schöpferische Begabung, die psychomotorische Begabung und die soziale Begabung. Diese Bereiche müssen allerdings weitläufig miteinander verknüpft sein, um zu herausragenden Leistungen zu erlangen. So muss ein Künstler auch sehr intelligent und schöpferisch gewandet sein, sowie über gewisse soziale Fähigkeiten verfügen, um als hochbegabt zu gelten. Über diese verschiedenen Bereiche der Begabung gibt es noch weitere

Ansätze, wie die Kreativitäts-Definition und die soziale Definition (Lucito, 1964), ebenso wie verschiedene Forschungen von Sidney P. Marland jr. über Kreativität und produktives Denken, Führungsfähigkeiten, bildnerische und darstellende Künste und psychomotorische Fähigkeiten (Marland, 1972).

Für viele zählen diese anderen Merkmale, die auch als „extreme Ausprägung von Kompetenzen" (Reichele, 2005, S.60) bezeichnet werden, allerdings nicht unbedingt zu den Kriterien um als hochbegabt zu gelten. Oft wird nur die klassische Intelligenz als Voraussetzung akzeptiert, was verschiedene Definitionen, wie auch die Ex-post-facto Definition, ausschließt. Andere wiederum verbinden diese Gebiete, in dem sie hohe Intelligenz als Grundlage für beispielsweise mechanische, soziale, künstlerische, technische Fähigkeiten ansehen (DeHaan & Havighurst, 1957).

Über die Prozentsatz-Definition wird ebenfalls viel diskutiert, da sie die einzige ist, die nach Quantität statt Qualität bewertet (Lucito, 1964). Sie besagt, dass ein gewisser Teil der ‚besten' Schüler einer Jahrgangsstufe als hochbegabt gilt. Wie gut die Schüler im Vergleich mit anderen Schulen oder bundesweit abschneiden, ist dabei nicht von Belang. Es geht lediglich um die Berechnung der Hochbegabten über den Prozentsatz.

Wie schon bereits erwähnt, ist also festzuhalten, dass „Hochbegabung nicht einheitlich definiert ist" (Reichele, 2005, S.59). Leistungsstarke Kinder aber können sich nicht selbst helfen. Die Hochbegabung muss diagnostiziert werden und entsprechende förderliche Maßnahmen ergriffen werden.

2.2 Differenzierung und Förderung

Bei Kindern mit einer nicht diagnostizierten Hochbegabung können unterschiedliche Probleme wie schulische Unterforderung und Perfektionismus auftreten. In diesen Fällen ist die Ursache oft eher klar, als bei jenen die unter Ängstlichkeit und Depressionen leiden, Lese-Rechtschreib-Schwierigkeiten haben, sich isolieren oder aggressiv sind oder als sogenannte ‚Underachiever' gelten, also Minderleistungen erbringen und Leistungsdefizite aufweisen.

Um die Schüler dabei vor langanhaltenden Schäden zu bewahren, ist eine genaue Beobachtung und eine frühzeitige Diagnose essentiell.

Allgemein ist die Differenzierung ein schulorganisatorisches-didaktisches Prinzip, welches auf die unterschiedlichen Lernvoraussetzungen, -prozesse und -ergebnisse von Schülern ausgelegt ist, mit dem Ziel, diese individuell zu fördern. Es wird differenziert in Lerntypen, Lernrhythmen und -tempo, Fähigkeiten, Kenntnissen, Bedingungen psychologischer, sozialer und körperlicher Art, Interessen sowie auch der Gesamtpersönlichkeit, beispielsweise dem religiösen und kulturellen Hintergrund. Das deutsche Schulsystem differenziert schon gegebener maßen interschulisch nach Schularten und intraschulisch nach Jahrgangsklassen. In der Oberstufe kommen dann noch deutlichere Differenzierungsvarianten durch die Wahl von Grund- und Leistungskursen hinzu, also die Trennung nach Fächern und Vorlieben.

Innerhalb einer Schülergruppe findet durch differenzierten Unterricht eine Binnendifferenzierung statt, die die Lehrkraft gestaltet (Müller, 2012). Dafür muss der Lehrer wahrnehmen und akzeptieren, dass seine Schüler unterschiedliche Lernvoraussetzungen haben und daher ein Lernen im gleichen Schritt nicht möglich sein kann. Methodenvielfalt sollte geschaffen und das Lernen gelehrt werden. Es kann im Lerninhalt, den Tätigkeiten, den Lernprodukten und -hilfen, den Zielen, der Sozialform, dem Wahlunterricht und den Leistungskontrollen, dem Erziehungsstil und auch innerhalb der Methoden differenziert werden. So wird mehr Freiheit, Spontanität und Kreativität für die Schüler geschaffen und ihre

Eigenverantwortung gefördert. Angstfreie Selbstüberprüfungsmöglichkeiten werden durch Differenzierung erlangt und eine persönliche positive Zuwendung ist gegeben. Allerdings bedeutet differenzierter Unterricht für die Lehrperson aber auch eine Mehrbelastung und bringt oft Zeitprobleme mit sich. Sie muss eine große Auswahl passender Arbeitsmaterialien bereitstellen und den Klassenraum mit seiner Größe und Aufteilung in den Unterricht geeignet einbeziehen. Außerdem sollte ein gutes Diagnoseverfahren in Form von genauer Beobachtung der Schüler und passender Trennschärfe durchgeführt werden. Des Weiteren müssen die Schüler an angemessene Verhaltensweisen wie die richtige Lautstärke und Gesprächsführung gewöhnt sein, damit differenzierter Unterricht durchgeführt werden kann (Paradies, Linser, 2010).

Zur Förderung hochbegabter Kinder und Jugendlicher gibt es eine ganze Menge an Modellen. Die beiden Grundmodelle ‚Grouping' und ‚Enrichment' werden im Folgenden kurz aufgegriffen und erläutert.

Beim Grouping wird die Klasse in Klein- oder Großgruppen je nach Leistungs- oder Interessensdifferenzierung eingeteilt. Das Enrichtment Modell (Renzulli, Reis, Stedtnitz 2001) bezieht sich auf die Bereitstellung verschiedener Lerninhalte, die über die vorgegebenen Lernziele hinausgehen. Dies wird häufig in Form von Zusatz- oder ‚Sternchenaufgaben' die in Zusammenhang mit dem Unterrichtsthema stehen praktiziert. Durch Binnendifferenzierung wie Einzel-, Partner- oder Gruppenarbeit wird dieses Modell gestaltet.

Ein weiterer Aspekt der Förderung ist die Zuwendung zum offenen Unterricht. Jener soll Motivation schaffen, aus eigenem Interesse zu lernen und Gelegenheit für aktives Lernen bieten. Die Schülerinnen und Schüler stehen im Vordergrund und beteiligen sich an der Planung und Gestaltung des Unterrichts. Offener Unterricht kann zum Beispiel in der Wochenplanarbeit, Freie Arbeit oder Projektarbeit realisiert werden (Schulte zu Berge, 2001). Bei der Arbeit mit einem Wochenplan erhalten die Schüler zu Beginn der Woche einen Plan mit verbindlichen Aufgaben die erledigt werden müssen, sowie Extraaufgaben. Dies schafft eine organisatorische Öffnung des Schülers und ist eine sehr begabungsfreundliche Methode, denn es ermöglicht vertiefendes Lernen und größere Flexibilität im Lerntempo. Die Freie Arbeit wird durch Arbeitsecken im Klassenraum und anregende Materialien verwirklicht. Es geht darum, an selbstgestalteten Aufgaben zu arbeiten, ohne Noten- und Zensurdruck und inhaltliche Beschränkungen. Dies ist eine Herausforderung, die hochbegabte Schüler größtenteils gerne suchen. Projektarbeit ist oft ganzheitlich und fachübergreifend, was im praktischen Teil dieser Hausarbeit erkennbar ist. Sie ermöglicht über ein festgelegtes und situationsbezogenes Thema neue Erkenntnisse und Wissenszusammenhänge für die Teilnehmer. Dabei lernen die Schüler aktiv und oftmals selbstorganisiert. Im Normalfall gebrauchen die betreuenden Lehrkräfte eine Vielzahl an Methoden innerhalb derer sie differenzieren können (Schulte zu Berge, 2001).

Generell werden hochleistungsfähige Schüler auch durch Einrichtungen wie Spezialschulen, die Hochbegabtenförderung betreiben, gefördert. Das BEGYS Modell, welches die Sekundarstufe 1 verkürzt, oder auch bilingualer Sprachunterricht unterstützen hochbegabte Schüler ebenfalls. Zudem gibt es die bekannten Methoden des Überspringens einer Klassenstufe oder der Belegung von Zusatzkursen.

3. Unterrichtsreihe; Projektwoche ‚England‘

Im folgenden Kapitel wird nun anhand einer Unterrichtsreihe erläutert, wie man differenzierten Unterricht als Lehrkraft gestalten kann. Das Thema ‚Welcome to England‘ wird an einer Grundschule in einer 4. Klasse von Mittwoch bis Freitag in jeder Unterrichtseinheit unterschiedlich bearbeitet. Eine Schulwoche, die auf Grund von Feiertagen, wie beispielsweise in der Faschingszeit, sowieso verkürzt ist, bietet sich besonders für dieses Projekt an.

Die Projektarbeit ist darauf ausgelegt, den Klassenzusammenhalt noch weiter zu stärken. Mit der Differenzierung innerhalb der Methoden und auch durch die Anwendung des Enrichment Modells können die Schüler ihr Lerntempo selbst regeln und besonders begabte Schüler können durch Extraarbeit über das gesetzte Lernziel heraus arbeiten. Außerdem bietet das Projekt Raum für Freie Arbeit. Am Ende der Woche halten die Schüler vor Mitschülern, dem Kollegium oder den Eltern eine Präsentation über die erarbeiteten Inhalte.

Die Klasse soll mit dem Thema England auf die weiterführende Schule vorbereitet werden. Englisch, als erste Fremdsprache, wird in jeden Unterricht mit einbezogen, damit den Schülern der Einstieg in die 5. Klasse leichter fällt. Zudem erfahren sie vorbereitend neue Arbeits- und Lernmethoden.

Die Projektwoche wird im Folgenden nach Wochentagen gegliedert und in einzelne Unterrichtsstunden oder auch Doppelstunden unterteilt. Die Arbeit in den verschiedenen Fächern wird teilweise nur kurz teilweise detaillierter erklärt und ein besonderes Merkmal wird auf die jeweilige Differenzierung gelegt. Im Anhang befindet sich ein Wochenplan (siehe Anhang S.14) sowie Pläne zu den Stunden (siehe Anhang ab S. 15), in denen die Inhalte nochmal grob geschildert sind und die einen guten Überblick bieten. Des Weiteren können Arbeitsblätter und -materialien die genannt wurden im Anhang gefunden werden.

3.1 Mittwoch

1. Stunde: Erwartungen und Befürchtungen an die Projektwoche, 45 Minuten (siehe Anhang S.15)

Den Einstieg in die Projektwoche macht eine Stunde zu den Erwartungen und Befürchtungen der Schüler an die kommenden drei Tage. Die Klasse sitzt im Stuhlkreis und der Klassenlehrer begrüßt sie und fragt anschließend nach fünf Freiwilligen, die vorbereitete Plakate zu der folgenden Fragstellung vorlesen sollen: ‚Welches Wetter wollen wir in den nächsten Tagen haben?‘. Die Plakate sind beschriftet mit den Formulierungen ‚Diese Tage werden sonnige Tage, wenn…‘, ‚Diese Tage werden bewölkt, wenn…‘, ‚Wenn das passiert, donnert und blitzt es…‘, ‚Mein Lehrer kann zu einem guten Wetter beitragen, wenn er…‘, ‚Ich kann zu einem guten Wetter mitbeitragen, wenn ich…‘. Nach der Einführung bewegen die Schüler sich nun frei im Raum und füllen die Plakate in Einzelarbeit aus. Im Anschluss finden sie sich wieder im Stuhlkreis zusammen, lesen die Plakate laut vor und fassen die wichtigsten Aussagen gemeinsam zusammen.

In dieser ersten Unterrichtsstunde geht es darum, die eigenen Erwartungen an die Projektwoche in Worte zu fassen und gleichzeitig Verantwortung dafür zu tragen, dass die Projetwoche erfolgreich wird. Fortgeschrittene und mutige Schülerinnen und Schüler können beim Vorlesen der leeren und Vortragen der ausgefüllten Plakate ihr Können zeigen.

2. Stunde: Englisch, 45 Minuten (siehe Anhang S.16)

Der Englischunterricht beginnt mit der Erläuterung des Wochenplans. Die Schüler wenden ihre Aufmerksamkeit auf eine Extratafel an der seitlichen Klassenzimmerwand, auf der der Wochenplan von der Lehrkraft bereits auf Englisch aufgezeichnet wurde. Der Verlauf der Projektwoche wird von dem Lehrer nochmals kurz auf Englisch erläutert und im Anschluss daran stellt er der Klasse Verständnisfragen. Hierbei können besonders sprachbegabte Schüler eventuell schon etwas mehr übersetzen als die restliche Klasse. Nachdem die Lehrkraft genauer auf die verschiedenen ‚subjects' eingegangen ist, und auch die englischen Begriffe der Unterrichtsfächer, die nicht in der Projektwoche enthalten sind, aufgegriffen und an die Tafel geschrieben wurden, bekommt jeder Schüler eine leere Tabelle (siehe Anhang S.28) ausgeteilt, in den er nun den eigenen Stundenplan in Englisch eintragen soll. Schüler, die diese Aufgabe schon frühzeitig beenden, können mit zu den Fächer passenden Bildern ihren Plan verschönern. Um die neu eingeführten Begriffe noch weiter zu verinnerlichen, teilen die Schüler sich in der nächsten Arbeitsphase eigenständig in Zweierteams ein. Sie bekommen einen Zettel mit Bildern und den dazu passenden Namen der Unterrichtsfächer ausgeteilt (siehe Anhang S.28). Der Zettel wird zerschnitten und die Schüler erhalten ein Memory mit dem sie spielen können. Spieler, die schnell gewinnen, werden vom Lehrer zu neuen Paaren zusammengestellt und bekommen ein zweites Memory. Dieses verwendet anstelle von Bildern kurze Beschreibungen der Unterrichtsfächer.
In den letzten Minuten bekommen die Schüler eine Mappe ausgeteilt, in der sie die Arbeitsmaterialien der Projektwoche abheften können.

Die Differenzierung in dieser Stunde ist auf Schüler und Schülerinnen mit einer Begabung im sprachlichen Bereich ausgelegt. Sie haben die Möglichkeit, die neuen Begriffe umfangreicher zu erlernen als ihre Mitschüler. Dies wird ihnen durch die Bereitstellung der zweiten Memory Version ermöglicht.

3. und 4. Stunde: Deutsch, 85 Minuten (siehe Anhang S.17)

Die Deutschstunden sind in der Projektwoche auf die Vorbereitung und Ausarbeitung der Abschlusspräsentation in Form eines Vortrags ausgelegt. In der ersten Doppelstunde zu diesem Thema erarbeiten die Schüler zunächst anhand einer Mindmap an der Tafel, warum es wichtig ist, gute Präsentationen und Referate halten zu können. Nach dieser kurzen Einführung wird die Klasse von der Lehrkraft in fünf Gruppen mit verschiedenen Leistungsniveaus eingeteilt, in der jeder Schüler eine bestimmte Rolle (Schreiber, Zeitwächter, Materialbeschaffer, Lautstärkewächter) erhält (siehe Anhang S.29). Im Anschluss erarbeitet die Gruppe gemeinsam ein Arbeitsblatt zu dem Thema ‚Referate vorbereiten und halten'. Die Ergebnisse werden dann im Anschluss vorgestellt und eine Folie mit der Musterlösung aufgelegt (siehe Anhang S.29,30). Nach einer kurzen Reflexion der Stunde bekommen die Schüler die Hausaufgabe passende Bilder für die Plakate bei der Abschlusspräsentation auszudrucken.

Durch die unterschiedlichen Arbeitsgruppen und Rollenverteilungen bekommt jedes Kind die Möglichkeit, nach seinem Können zu arbeiten und fühlt sich in seiner Rolle verantwortlich für seine Aufgabe. Diese Differenzierung beruht auf dem Grouping Modell.

<u>*5. und 6. Stunde: Sachkunde, 85 Minuten*</u> (siehe Anhang S.19)

Die erste Hälfte dieser Stunde bildet ein Vortrag der Lehrkraft über die Kultur, die Geschichte, die Politik und die Sehenswürdigkeiten Englands am Beispiel London. Zur unterstützenden Veranschaulichung und Darstellung wird eine Powerpoint-Präsentation benutzt. Auch in dieser Stunde lässt der Lehrer immer wieder englische Begriffe einfließen, die die Schüler sich notieren sollen, neben ihren allgemeinen Notizen zum Vortrag, die eine Hilfe für sie sein werden, um die Arbeitsblätter in der nächsten Unterrichtsstunde zu bearbeiten. Nach einer kurzen Pause begeben sich die Schüler also in Partnerarbeit an das Lösen der Arbeitsblätter. Die Lehrkraft geht herum und gibt, wenn nötig, Hilfestellungen. Paare, die die Arbeitsblätter schon eher erledigt haben, erhalten weitere Arbeitsblätter mit höherem Schwierigkeitsgrad.

Diese Stunde dient besonders dem Aufnehmen von wichtigen Informationen über das Projektthema ‚England'. Sie grenzt sich vom restlichen Unterricht ein wenig ab, da die Klasse nicht so frei und kreativ arbeiten kann wie an den restlichen Tagen. Dennoch wird leistungsstärkeren Schülern durch die Bereitstellung von weiteren Arbeitsmaterialien differenzierter Unterricht geboten. Diese Vorgehensweise lässt sich dem Enrichment Modell zuordnen.

3.2 Donnerstag

<u>*1. und 2. Stunde: Darstellendes Spiel, 85 Minuten*</u> (siehe Anhang S.20)

Die Stunde beginnt mit einem Warm-up Spiel im Stuhlkreis um die Klasse aufzulockern, damit die Hemmungen für die Darstellendes Spiel Doppelstunde ein wenig sinken. Darauf folgt ein weiteres kurzes Konzentrationsspiel, um klares Sprechen und eindeutige Aussagen zu üben und um wieder etwas Ruhe in die Klasse zu bringen.
Schließlich zeigt die Lehrkraft den Schülern das englische Video ‚Mr. Bean - Treffen mit der Queen'. Im Plenum wird das Video kurz besprochen, dann teilt die Klasse sich in Gruppen von jeweils drei oder vier Schülern ein. Der Klassenraum, sowie auch die Flure werden nun genutzt um eine kurze Szene unter dem Motto ‚Ihr trefft die Queen' vorzubereiten, die zu Ende der Stunde vorgetragen werden können.

In den Gruppen können die Schüler sehr frei arbeiten und kreativ sein. Schüler, denen dies nicht so leicht fällt, werden allerding von dem Lehrer mit einigen Hilfen und verschiedenen Tipps unterstützt. Bei den Vorführungen der erarbeiteten Szenen müssen die Kinder respektvoll miteinander umgehen und wissen, wie man angemessenes Feedback gibt.

<u>*3. und 4. Stunde: Kunst, 85 Minuten*</u> (siehe Anhang S.22)

Der Kunstunterricht beginnt mit einer kurzen Instruktion durch die Lehrkraft. Sie erläutert, dass die folgende Doppelstunde das Ziel hat, gemeinsam eine passende Raumgestaltung für die Abschlusspräsentation vorzubereiten. Die Schüler stehen im hinteren Teil des Kunstraums und vor ihnen befinden sich drei große Gruppentische. Einer ist mit Materialien zur Gestaltung von Fensterbildern, ein weiterer mit Pappe, Stiften und vielem mehr zum Basteln von

Programmheften und Tischdeko, und ein Dritter mit Kartons und Akrylfarbe für die Erarbeitung eines großen roten Doppeldeckerbusses sowie einer britischen Wache, einem ‚Guard', ausgestattet. Die Schüler dürfen selbst entscheiden an welchem Tisch sie in der nächsten Arbeitsphase, die ca. 40 Minuten beträgt, arbeiten wollen. Dennoch achtet die Lehrkraft darauf, künstlerisch begabte Kinder eher mit der Erarbeitung des großen Busses zu beschäftigen oder mit der Gestaltung der Programmhefte, da diesen Aufgaben weniger Vorlagen beigelegt sind und so die Schüler selbst mehr kreative Vorstellungskraft und Umsetzung einbringen müssen. Nachdem die Deko nun gestaltet wurde, ist das Klassengefühl nochmal gestärkt und die Projektpräsentation nimmt Gestalt an, was die Schüler motiviert.

Die zweite Arbeitsphase beginnt nach fünf Minuten Pause und ist eine Einzelarbeit. Während die Schüler an den Gruppentischen gearbeitet haben, hat der Lehrer zunächst beobachtet und Hilfe, Tipps und Unterstützung angeboten. Dann hat er an die Tafel eine Mindmap zu der Frage ‚What is in our pencilcase?' geschrieben. Nun erläutert er anhand der Mindmap und der Veranschaulichung durch die passenden Gegenstände (Füller-pen, Radiergummi-rubber, etc.) die englischen Begriffe. Danach werden Stoffmäppchen aus Baumwolle ausgeteilt, die die Schüler mit verschiedenen Materialien selbst zum Thema der Projektwoche gestalten können. Dabei sollen sie allerdings auch die englischen Begriffe von der Tafel verwenden. Sie können ihre Arbeitsmaterialien frei wählen und schaffen eine Erinnerung an die Projektwoche.

In der letzten Arbeitsphase bastelt die Klasse mit verschiedenen Materialien kleine Kostüme für die Abschlusspräsentation. Hierfür gibt die Lehrkraft Vorlagen, künstlerisch befähigte Schüler können aber auch ihrer Kreativität freien Lauf lassen und sich selbst etwas überlegen.

Die Kunstdoppelstunde ist in dem Sinne differenzierter Unterricht, da den Schülern, die in diesem Fach herausragend gute Leistungen erbringen, viel Freiraum für eigene Konstruktionen und die Umsetzung ihrer Ideen gegeben wird. Sie haben die Möglichkeit detailliert zu arbeiten und unterstützen durch ihren Beitrag an der Raumgestaltung die gesamte Klasse, können aber auch durch die Arbeit an dem Mäppchen etwas eigenes Persönliches erschaffen.

5. und 6. Stunde: Deutsch, 85 Minuten (siehe Anhang S.24)

Nach einer kurzen Reflexion der letzten Stunden und die mögliche Übertragung dessen auf die Präsentationen finden sich die Schüler wieder in die Referatsgruppen aus der Deutschstunde vom Vortag ein. Sie fangen an, in ihren gegebenen Rollen und an ihren Gruppentischen an den Plakaten für die Präsentation zu arbeiten. Die Erlebnisse und das Gelernte über England aus den letzten Unterrichtsstunden werden auf den Plakaten festgehalten. Die Lehrkraft beobachtet die Arbeit der Gruppen und weist auf eventuelle Fehler hin. Nach einer kurzen Pause wird nach dem Stand der einzelnen Gruppen gefragt und schon einmal grob eingeteilt, welche Gruppe am kommenden Tag bei der Abschlusspräsentation welchen Teil der Projektwoche vorstellt. Dann haben die Kinder nochmal Zeit ihre Plakate zu vervollständigen und können damit beginnen, ihren Teil der Präsentation vorzubereiten und zu organisieren. Zum Abschluss wird das Referat am kommenden Tag einmal grob durchgespielt, dann reflektiert die gesamte Klasse die Doppelstunde. Die Schüler haben noch einmal die Möglichkeit Fragen zu stellen und die Lehrkraft erläutert den weiteren Verlauf der Projektwoche.

Durch die Einteilung der Klasse in verschiedenen Arbeitsgruppen wendet der Lehrer differenzierten Unterricht an. Hochbegabte Schüler haben die anspruchsvolleren Rollen, wie zum Beispiel die des Schreibers erhalten, und haben so die Möglichkeit, ihr Wissen zu teilen und zu erweitern. Außerdem können sie die Führungsposition der Gruppe einnehmen.

3.3 Freitag

1. und 2. Stunde: Kochen, 85 Minuten (siehe Anhang S.25)

Die Klasse wird zum Kochunterricht in zwei Gruppen eingeteilt. Während die eine Hälfte ein englisches Frühstück vorbereitet, backt die andere Scones und Apple Pie für die Präsentation in der vierten Stunde. Die Mengenangaben stehen an der Tafel in der Schulküche und neben den deutschen Begriffen zu den verschiedenen Koch- und Backutensilien sowie dem Rezeptinhalt auch die englischen Bedeutungen. Die Schüler teilen sich eigenständig den Gruppen zu und arbeiten gemeinsam. Während die Backwaren im Ofen sind und das Frühstück aufgetischt wird, haben die Schüler die Möglichkeit, das Rezept von der Tafel abzuschreiben. Daraufhin wird gemeinsam gefrühstückt und zusammen aufgeräumt.

Beim Kochen lernt die Klasse die englische Küche kennen und die Kinder können ihren kulturellen Horizont erweitern. Der Umgang mit verschiedenen Küchengeräten sowie das Abmessen von Lebensmitteln und auch weitere englische Begriffe werden erlernt. So nehmen die Schüler aus der Kochstunde weit mehr mit als eigentlich geahnt. Leistungsstarke Schüler können beim Kochen schwierigere Aufgaben, wie das Abfüllen der Lebensmittel oder das Dirigieren kleinerer Arbeitsschritte, übernehmen.

3.und 4. Stunde: Vorbereitung und Präsentation, 90 Minuten (siehe Anhang S.26)

Zu Beginn werden die letzten Tage nochmals reflektiert. Dann begeben sich die Schüler wieder in ihre Referatsgruppen und vervollständigen ihre Plakate mit Erläuterungen zu den Erfahrungen zu der Doppelstunde in Kochen an diesem Morgen. Danach proben sie die Präsentation der Plakate kurz. Die Plakate werden an die Wände gehangen und der Klassenraum mit der gebastelten Deko aus dem Kunstunterricht vorbereitet. Die Schüler verkleiden sich mit ihren kleinen Kostümen als Royals oder Guards.
Sobald die Zuschauer (Eltern und Mitschüler aus Parallelklassen) den Klassenraum betreten, werden sie von den Schülern an ihre Plätze begleitet. Auf den Tischen vor ihnen finden sie die Programmhefte und kleine Leckereien aus der Kochstunde am Morgen. Der Moderator, ein Schüler der Klasse der von der Lehrkraft auserwählt wurde, tritt auf und heißt die Zuschauer willkommen. Er erläutert kurz den Ablauf der Präsentation. Zunächst stellen die Schüler die Projektwoche in ihren einzelnen Unterrichtsstunden chronologisch vor und präsentieren dabei ihre Ergebnisse. Beim Referieren über die Einheit zu Darstellendem Spiel werden zwei der selbst ausgedachten Szenen von der jeweiligen Schülergruppe vorgeführt. Immer wieder verweisen die Referierenden auch auf die englischen Begriffe die sie gelernt haben. Danach bedankt sich der Moderator bei den Zuschauern für ihre Aufmerksamkeit und fordert sie auf, gerne über die bearbeiteten Plakate der Klasse zu schauen und noch für eine Tasse Tee im Klassenraum zu verweilen. Mit dem Klingeln zur Pause ist die Vorführung beendet und die Zuschauer verlassen den Raum. Die Klasse räumt gemeinsam auf und bringt Stühle und Tische in die gewohnte Sitzordnung.

Bei der Präsentation der Projektwoche müssen die Schüler nicht nur inhaltlich erklären, was sie über England gelernt haben, sondern damit verbunden auch zeigen, dass sie gelernt haben wie man organisiert, spannend und ordentlich referiert und präsentiert. Die gesamte Klasse hat an der Präsentation gearbeitet und jede Unterrichtsstunde der letzten Tage hat sie darauf vorbereitet. Jeder einzelne Schüler hat seinen Beitrag zum Erfolg geleistet. Kinder mit besonders künstlerischem Talent konnten ihr Können bei der Dekoration des Raumes beweisen. Sprachlich begabte Schüler konnten im Englischunterricht und beim Schreiben der Plakate punkten. Auch im Schauspiel, der Moderation zum Abschluss sowie beim Kochen konnte jeder zeigen, was er kann. Die gesamte Woche war somit nicht unbedingt auf Schüler mit einem hohen Intelligenzquotient ausgelegt, sondern zielte eher auf differenzierten Unterricht für Schüler mit ausgeprägter schöpferischer, sprachlicher oder sozialer Begabung. Da aber für die Klasse durchweg die gemeinsame Arbeit am Projekt im Vordergrund stand, hat kein Kind sich benachteiligt oder bevorzugt fühlen können.

5. Stunde: Reflexion der Projektwoche, 45 Minuten (siehe Anhang S.28)

Die Lehrkraft hat den Klassenraum für die Reflexion der Projektwoche vorbereitet. Vor der Tafel stehen vier Stühle mit den Rückenlehnen zur Klasse gewandt und Zetteln beklebt, auf denen geschrieben steht ‚Das hat mir gut gefallen‘, ‚Das hätte besser sein können‘, ‚Das nehme ich mit‘, ‚Das möchte ich noch loswerden‘. Die Schüler sitzen im Kinositz vor den Stühlen und lassen sich von dem Lehrer den Verlauf der Reflexion, in dem sie sich abwechselnd hinter die Stühle stellen sollen und ihre Erfahrungen und Gefühle zu den verschiedenen Sätzen erläutern sollen, erklären. Obwohl die Schüler an der Reflexion freiwillig teilnehmen können, bestärkt die Lehrkraft die Klasse, ihre Gedanken und Meinungen zur Projektwoche auf diese Art und Weise mit der Klasse zu teilen, um einen guten Abschluss der letzten Tage zu finden. Die Zuhörer, den Lehrer einbeschlossen, sollen ausschließlich zuhören und die Aussagen des Sprechenden bewertungsfrei hinnehmen. Letztendlich reflektiert auch der Klassenlehrer mit dieser Vorgehensweise das Projekt. Hierbei hat er auch die Chance, die Klasse für ihre Arbeit zu loben, Probleme nochmals kurz anzusprechen und den Schülern zu erklären, wie sie diese Fehler in Zukunft vermeiden können und zum Schluss jedem Einzelnen das Gefühl zu geben, sich gut eingebracht zu haben und festzuhalten, dass toll zusammengearbeitet wurde.
Nach diesen 25 Minuten bekommen die Schüler eine weitere Reflektionsmöglichkeit aufgezeigt. Sie sollen ihre Hand auf ein blankes Blatt Papier legen, sie mit Bleistift nachzeichnen und ausschneiden. Daraufhin schreiben sie in den Daumen, was ihnen in den letzten Tagen besonders gut gefallen hat, in den Zeigefinger worauf sie hinweisen möchten, in den Mittelfinger, was ihnen gestunken hat, in den Ringfinger, das was sie aus der Projektwoche ewig in Erinnerung halten werden und in den kleinen Finger kleine Anmerkungen die ihnen noch auf dem Herzen liegen. Die Hände können noch mit ihren Namen beschriftet werden und werden dann auf ein großes Plakat mit der Überschrift ‚So war unsere Projektwoche „Welcome to England"…‘ geklebt. Das Plakat wird für ein paar Wochen in der Klasse aufgehängt.
Zum Abschluss packen die Schüler ihre gesammelten Materialien, also die Mappe mit allen Arbeitsblättern der letzten Tage, sowie den Kochrezepten und den gebastelten Werken zusammen. Die Projektwoche ist beendet.

In der Reflexionssitzung ist es für die Lehrperson schwierig, differenziert vorzugehen. Da aber den Schülern im Ausdruck und der Darstellung ihrer Gedanken und Gefühle nur wenige Vorgaben durch die Zettel an den Stühlen und die ‚Funktionen‘ der Finger an der Papierhand gegeben sind, können sie frei formulieren.

3.4 Fazit

Die Unterrichtsreihe ist als differenzierter Unterricht geeignet, da jede Stunde leistungsstarken Schülern die Möglichkeit bietet, über das allgemeine Lernziel hinauszuarbeiten und neue Kompetenzen anzueignen. Die Arbeit in Form der Projektwoche sowie der Umgang mit dem Wochenplan bilden den größeren Rahmen der Differenzierung. In den einzelnen Unterrichtsstunden werden verschiedene Methoden zur Differenzierung angewendet. Generell berücksichtigt diese Reihe besonders Schüler mit sprachlicher, künstlerischer und sozialer Begabung. Durch das Hinzufügen von weiteren Unterrichtseinheiten wie Mathematik oder Sport könnte man auch Schüler mit einer Begabung in diesen Bereichen fördern. So kann die Unterrichtsreihe individuell auf die Klasse und ihre Schüler angepasst werden.

Allgemein steht auch der Zusammenhalt der Klasse im Vordergrund. Die gemeinsame Arbeit am Projekt und der Vorbereitung der Abschlusspräsentation stärkt das Klassenklima. Außerdem werden die Schüler durch das Erlernen neuer Arbeitsmethoden, wie der Vorbereitung einer Präsentation, und Inhalte auf den Wechsel in die 5. Klasse vorbereitet. So können sie ermutigt auf die weiterführende Schule gehen und haben zudem eine weitere schöne Erinnerung an die Grundschulzeit und ihre Klassenkameraden sowie den Klassenlehrer.

4. Literaturverzeichnis

Feger, Barbara/ Prado, Tania M. (1998): Hochbegabung. Die normalste Sache der Welt. Darmstadt

Holling, Heinz/ Kanning, Uwe Peter (2009): Hochbegabung. Forschungsergebnisse und Fördermöglichkeiten. Göttingen.

Heinbockel, Annette (2010): Hochbegabte. Erkennen, Probleme, Lösungswege. Münster.

Müller, Frank (2012): Differenzierung in heterogenen Lerngruppen. Praxisband für die Sekundarstufe 1. Schwalbach: Debus Pädagogik Verlag.

Paradies, Liane, Linser, Hans-Jürgen (2010): Differenzieren im Unterricht. 5.Auflage. Berlin: Cornelsen Verlag Scriptor GmbH & Co.KG

Reichele, Barbara (2005): Hochbegabte Kinder. Erkennen, fördern, problematische Entwicklungen verhindern. Weinheim und Basel.

Renzulli, J.S., Reis, S.M., Stedtnitz, U. (2001): Das Schulische Enrichment Modell SEM. Begabungsförderung ohne Elitebildung. Aarau: Sauerländer Verlage AG.

Renzulli, J.S., Reis, S.M., Stedtnitz, U. (2001): Begleitband zum Schulischen Enrichment Modell SEM. Aarau: Sauerländer Verlage AG.

Schulte zu Berge, Sabine (2001): Hochbegabte Kinder in der Grundschule. Erkennen-Verstehen – Im Unterricht berücksichtigen. Münster: LIT.

5. Anhang

Inhaltsverzeichnis

Wochenplan

Stunde	Mittwoch	Donnerstag	Freitag
1.	Einführung	darstellendes Spiel	Kochen
2.	Englisch	darstellendes Spiel	Kochen
3.	Deutsch	Kunst	Vorbereitung
4.	Deutsch	Kunst	Präsentation
5.	Sachkunde	Deutsch	Reflexion
6.	Sachkunde	Deutsch	

Unterrichtsverlaufsplan Projektwoche „England" Einführung

Klasse 4. Mittwoch Erste Stunde 45 Minuten

Zeit/Phase	Lernaktivität der Schülerinnen und Schüler	Kommentar/ Sozialform/Medien	Kompetenzen
Einleitung, erteilen des ersten Arbeitsaustrages: Wetter Erwartungen /Befürchtungen 5 Minuten	SuS lenken ihre Aufmerksamkeit nach vorne LA begrüßt die SuS zur Projektwoche LA erklärt die Aufgabenstellung: „Welches Wetter wollen wir in den nächsten Tagen haben?" Es dürfen 5 Freiwillige die Plakate vorlesen	Stuhlkreis Arbeiten im Plenum LA erklärt die Aufgabe: Frontal 5 Plakate: Diese Tage werden sonnige Tage, wenn… Diese Tage werden bewölkt, wenn… Wenn das passiert, donnert und blitzt es… Meine LA kann zu einem guten Wetter mit beitragen, wenn sie… Ich kann zu einem guten Wetter mitbeitragen, wenn ich…	Ruhig sitzen Zuhören Bei Unverständnis Fragen stellen Differenzierung: Mutig sein und ein Plakat vorlesen
Ausführen des Arbeitsaustrages und Zusammenführen und besprechen 20 Minuten	SuS bewegen sich durch den Raum und jeder muss auf jedes Plakat etwas schreiben Alle Plakate kommen in die Mitte und werden von 5 Freiwilligen vorgelesen Zusammenfassen der Wichtigsten Punkte in Worte	Nutzen des ganzen Raumes Einzelarbeit Interaktion Plenum Plakate im rund ausgelegt im Zentrum	Sich Gedanken über Ihre Erwartungen und Befürchtungen der nächsten Tage machen Verantwortung für eine erfolgreiche Projektwoche mit tragen Zuhören Wichtigkeit der Übung begreifen Differenzierung: Vortragen der Plakate, Reflektion der Plakate

	SuS lenken ihre Aufmerksamkeit nach vorne		
Einleitung in das Thema der Woche, erste gemeinsame Arbeitsphase 1 *20 Minuten*	LA schreibt das Wochenthema „England" an die Tafel und fragt nach ersten Einfällen, Impressionen, Verbindungen der SuS zu dem Thema	Arbeit mit der ganzen Klasse die Einfälle der SuS werden als Mindmap an der Tafel festgehalten	Aktivierung von Vorwissen Förderung der Kreativität, Darstellung von Zusammenhängen, Einprägung ins Gedächtnis durch graphische Darstellung

Unterrichtsverlaufsplan Projektwoche „England" im Fach Englisch

Klasse 4. Mittwoch Zweite Stunde 45 Minuten

Zeit / Phase	Lernaktivität der Schülerinnen und Schüler	Kommentar/ Sozialform/ Medien	Kompetenzen
Kurze Einfürhung, Ziele der Projektwoche & „English subjects" *25 min*	SuS lenken ihre Aufmerksamkeit zur Tafel mit dem Wochenplan. LA erläutert den Verlauf der Projektwoche und das Ziel in Englisch zunächst an Hand eines Wochenplans (auf Englisch verfasst) und deutet immer wieder auf wichtige Begriffe LA stellt Fragen „Könnt ihr das Gesagte grob übersetzen? Was ist das Ziel unserer Woche?", dann gibt LA eine kurze Zusammenfassung des Gesagten auf Deutsch	Arbeit mit der ganzen Klasse, Differenzierung: Jeder kann sich beteiligen, leistungsstärkere Schüler können eventuell schon mehr übersetzen und den Sinn besser erfassen, außerdem können sie weitere Begriffe auf zu dem eigenen Wochenplan hinzufügen, die sie beim Zuhören aufgeschnappt haben Arbeiten mit der ganzen Klasse Arbeitsblatt austeilen, in dem die Schüler ihren Stundenplan eintragen und selbst gestalten können LA geht herum und achtet auf die richtige Schreibweise der Begriffe	Ziel der Arbeit klar herausstellen und Motivation schaffen; englische Begriffe (Schulfächer) werden eingeführt; Schüler können selbst den Wochenplan verfolgen und haben somit die neu gelernten Worte immer vor Augen

| Arbeitsphase 2 Memory 20min | LA teilt die Klasse in Zweier Teams ein, jedes Team bekommt ein Blatt mit einem Memory, welches die SuS ausschneiden sollen und dann damit spielen sollen | Memory mit den gelernten Schulfächern (auf dem einen Zettel steht der englische Begriff, auf dem anderen ist ein passendes Bild) Ablauf: die SuS sehen zunächst nochmal welcher Begriff zu welchem Bild gehört, dann müssen sie nach dem Auseinanderschneiden das Gelernte direkt anwenden.

Differenzierung: lernstarke Schüler bekommen nach erfolgreichem Erarbeiten noch ein zweites Memory, das ohne Bilder und nur mit Begriffen arbeitet. | Gelerntes wird direkt angewendet, Begriffe werden eingepägt und im Kopf mit Bildern verknüpft |

Unterrichtsverlaufsplan Projektwoche „England" im Fach Deutsch

Klasse 4. Mittwoch Dritte/Vierte Stunde 85 Minuten, 5 Minuten Pause

Zeit / Phase	Lernaktivität der Schülerinnen und Schüler	Kommentar/ Sozialform/ Medien	Kompetenzen
Einleitung, Hinführung und erste gemeinsame Arbeitsphase 15 Minuten	SuS lenken ihre Aufmerksamkeit nach vorne. LA schreibt das Thema der Stunde „Gute Referate" an die Tafel und fragt nach ersten Impressionen und Einfällen der SuS LA stellt die weiterführende Frage: „Warum ist es wichtig, gute Vorträge zu halten?"	Arbeit mit der ganzen Klasse Mind-Map an der Tafel (geschrieben durch LA) Differenzierung: Jeder kann sich beteiligen, in der Mind Map sind alle Antworten willkommen Arbeiten mit der ganzen Klasse	Nutzen und Bedeutsamkeit von Präsentationen/Referaten kennenlernen

Arbeitsphase 2 *30 Minuten*	LA teilt die Gruppen ein (Fünf Gruppen à vier SuS mit unterschiedlichen Leistungsniveaus) Die Gruppen teilen selbst die Rollen ein, nachdem die LA diese kurz erklärte SuS bearbeiten gemeinsam das Arbeitsblatt zum Thema Referate vorbereiten und halten -5 Minuten Pause-	Tische zu Gruppentischen Differenzierung: Durch unterschiedliche Leistungsniveaus in den Gruppen, sowie durch die Rollenverteilung bekommt jeder die Möglichkeit nach seinem Können zu arbeiten Rollenkarten der Gruppe: Schreiber, Zeitwächter, Materialbeschaffer, Lautstärkewächter Ab: erst ausschneiden, dann ordnen, aufkleben und Notizen zu den einzelnen Punkten erarbeiten	Kompetenz der Referatsvorbereitung erlernen Konzeption eines Referates verstehen
Reflexion der ersten Arbeitsphasen und Anwendung in Bezug auf die Projektwoche besprechen (Arbeitsphase 3) *30 Minuten*	SuS reflektieren die acht Punkte des Arbeitsblattes, indem sie im Klassenverband abwechselnd ihre Notizen vorstellen SuS bekommen von der LA nach jedem Punkt die Musterlösung präsentiert, und überlegen anschließend, wie sie im weiteren Verlauf der Projektwoche vorgehen müssen	Arbeit mit der ganzen Klasse Projektor mit Musterlösung auf Folie	Kompetenz der Referatsvorbereitung erlernen Konzeption eines Referates verstehen
Abschlussreflexion und direkte Anwendung des Gelernten *10 Minuten*	SuS reflektieren die Stunde und stellen Fragen SuS bekommen die Aufgabe, zuhause passende Bilder für die Gestaltung ihrer Plakate auszudrucken	Arbeit mit der ganzen Klasse Hausaufgabe	Kompetenz der Referatsvorbereitung erlernen Konzeption eines Referates verstehen

Unterrichtsverlaufsplan Projektwoche „England" im Fach Sachkunde

Klasse 4. Mittwoch Fünfte/Sechste Stunde, 85 Minuten

Zeit/Phase	Lernaktivität der Schülerinnen und Schüler	Kommentar/ Sozialform/Medien	Kompetenzen
Arbeitsphase 1 **Lehrervortrag** **40 Minuten**	SuS lenken ihre Aufmerksamkeit nach vorne LA stellt Geschichte, Kultur, Politik und Sehenswürdigkeiten Englands am Beispiel London vor SuS machen sich Notizen -5 Minuten Pause-	Lehrervortrag Unterstützung des Vortrages durch eine Powerpoint	Aufnahmefähigkeit Filterung von wichtigen Informationen aus einem Vortrag Erweiterung der Kenntnisse über London/England
Arbeitsphase 2 **Festigung des Wissens** **45 Minuten**	SuS bearbeiten Arbeitsblätter in Partnerarbeit LA geht herum und gibt Hilfestellung, wenn nötig	Partnerarbeit Differenzierung: leistungsstärkere SuS erhalten nach erfolgreichem Bearbeiten ihres Arbeitsblattes weitere Arbeitsblätter mit schwererem Schwierigkeitsgrad	gemeinschaftliches Arbeiten, Kommunikation zwischen SuS Festigung des erlernten Wissens

Klasse 4. Donnerstag Erste und Zweite Stunde

Zeit/Phase	Lernaktivität der Schülerinnen und Schüler	Kommentar/ Sozialform/Medien	Kompetenzen
Begrüßung/ Warmup-Spiel **20 Minuten**	LA begrüßt die SuS zu einem neuen Projekttag LA erklärt das Spiel: Ich sitze im grünen und Liebe ganz heimlich … SuS spielen das Spiel	SuS sitzen im Stuhlkreis ein Stuhl bleibt frei Gesamte SuS werden miteinbezogen Schüler werden aktiviert Erklärung des Spiels: Ein Platz bleibt frei. Der Schüler/in links neben dem Stuhl beginnt und setzt sich auf den freien Stuhl und sagt „ich sitze im Grünen…" der nächste Schüler/in Rückt weiter auf und sagt: „… und Liebe…" der Dritte und letzte Schüler/in dieser Runde rückt auf und sagt: „… ganz heimlich (einen Namen der Klasse)…" diese Person muss dann schnellst möglich versuchen auf den freien Platz zu kommen. Allerdings versuchen die beiden links und rechts sitzenden Mitschüler sie/ ihn auf zu halten.	Aufmerksam und offen für neue Sachen sein Konzentration Schnelligkeit Auflockerung Hemmungen verliehren
Konzentrationsspiel **7 Minuten**	LA erklärt das „DU"-Spiel SuS spielen das „DU" – Spiel	Gruppenspiel Erklärung des Spiels: SuS stehen im Kreis und einer fängt an mit dem Finger auf eine Person zu zeigen und dabei DU zu sagen. Dann ist diese Person dran und zeigt auf die nächste Person. Dieses Spiel wird immer schneller	Konzentration Ruhig sein Aktiv sein Klar sprechen und klare Signale geben

Video Einheit/ *Besprechung* *10 Minuten*	Video anschauen: https://www.youtube.com /watch?v=JizFAhEpiEc LA leitet einen Gedanken Austausch über das Video ein: Was konntet ihr aus dem Video behalten, was hat euch besonders gefallen?	Video Besprechung im Plenum	Aufnahmefähigkeit Differenzierung: mutig sein um im Plenum zu sprechen Eigene Gedanken mitteilen
Einleitung des *Arbeitsauftrages/* *Ausführen des* *Arbeitsauftrages* *30 Minuten*	LA erklärt die Übung: Ihr trifft die Queen SuS gehen in dreier/ vierer Gruppen zusammen und erarbeiten eine kleine Szene LA gibt den Gruppen unterschiedliche Arbeitsaufträge LA geht zu den verschiedenen Gruppen und begleitet sie	Ganzer Klassenraum ggf. auch der Flur oder andere Räume Differenzierung bei der Gruppen Einteilung und dem Lehrauftrag	Eigene Ideen umsetzen, Kreativität, Sich in der Gruppe einigen Klar und deutlich sprechen, interagieren
Vorstellung und *Abschluss* *23 Minuten*	LA holt alle Gruppen wieder in den Stuhlkreis und wartet bis es ruhig wird 20 Min dürfen die Gruppen die Lust haben, dürfen ihre Szene vorführen In den letzten Minuten gibt die LA kurzes Feedback und verabschiedet die SuS	Plenum Erarbeitetes vorführen	Respektvoll mit Mitschülern umgehen, also nicht über andere Szenen gemein lachen

Unterrichtsverlaufsplan Projektwoche „England" im Fach Kunst

Klasse 4. Donnerstag Dritte/Vierte Stunde 85 Minuten, 5 Minuten Pause

Zeit / Phase	Lernaktivität der Schülerinnen und Schüler	Kommentar/ Sozialform/ Medien	Kompetenzen
Einleitung 5 Minuten	SuS lenken ihre Aufmerksamkeit nach vorne. LA erklärt die Aufgaben für die nächsten zwei Unterrichtsstunden : die passende Raumgestaltung für die Projektpräsentation LA präsentiert kurz die Arbeitsgruppen für die nächste Stunde: Gruppe 1: Fensterbilder mit Window Colour Gruppe 2: Tischdeko und Programmhefte Gruppe 3: Großer roter Doppeldeckerbus und Guard aus Pappe ausschneiden und anmalen SuS sollen zu den Gruppentischen gehen, für die sie sich interessieren	Arbeit mit der ganzen Klasse Gruppentische vorbereiten und mit Arbeitsmaterialien versehen Differenzierung: leistungsstärkere SuS werden von der Lehrerin eher in Gruppe 3 eingeteilt, um dort sich zu überlegen, wie man die Pappfiguren fixiert, damit sie stehen bleiben	Gemeinsames Hinarbeiten zum Ziel Jeder übernimmt eine wichtige Aufgabe
Arbeitsphase 1 40 Minuten	SuS erarbeiten die Raumgestaltung und müssen sich in den Gruppen absprechen und abstimmen SuS werden durch die LA betreut, und auf eventuelle Probleme hingewiesen - 5 Minuten Pause -	Gruppenarbeit Differenzierung: SuS bekommen Vorlagen für alle drei Gruppen, können aber auch selbst sich Konzepte überlegen	Vorstellungen nehmen Gestalt an, Klassengefühl wird gestärkt

Arbeitsphase 2 *20 Minuten*	Einzelarbeit LA hat Begriffe an die Tafel geschrieben zu dem Thema „What is in our pencil case?" SuS bekommen ein blankes Baumwollmäppchen, dass sie selbst passend zur Projektwoche mit Motiven und Begriffen (pen, rubber, pencil, etc.) gestalten können	LA gibt SuS viele verschiedene Materialien (Textilstifte, Kleber, Glitzer, Stoffreste, Knöpfe, etc.) zur Verfügung Differenzierung: SuS können ihre Arbeitsmaterialien frei wählen und kreativ sein	Etwas Eigenes gestalten, Erinnerung schaffen an die Projektwoche
Arbeitsphase 3 *20 Minuten*	Einzelarbeit Gestaltung von kleinen Kostümen für die Abschlusspräsentation	SuS finden an einem Arbeitstisch mehrere verschiedene Materialien (Haar Reif , Pappe, Holzstäbchen, Gummiband, etc.) ➔ Jeder soll sich ein kleines Kostüm für die Abschlusspräsentation basteln (Haarreif-Krone, Guard-Hut mit Fell…) Differenzierung: jeder Schüler kann sich selbst überlegen, wie sein Kostüm ausschauen soll, LA legt aber auch Vorlagen bereit	Kreativität wird gefördert, Vorstellungen nehmen Gestalt an

Unterrichtsverlaufsplan Projektwoche „England" im Fach Deutsch

Klasse 4. Donnerstag Fünfte/Sechste Stunde 85 Minuten, 5 Minuten Pause

Zeit / Phase	Lernaktivität der Schülerinnen und Schüler	Kommentar/ Sozialform/ Medien	Kompetenzen
Einleitung *5 Minuten*	SuS lenken ihre Aufmerksamkeit nach vorne. SuS werden von LA angeleitet, die vorherigen Stunden zu reflektieren und gelerntes auf ihre Präsentation anzuwenden SuS finden sich in ihren Referatsgruppen ein	Arbeit mit der ganzen Klasse Gruppentische	Durchführung einer Referartsvorbereitung erlernen und anwenden
Arbeitsphase 1 *40 Minuten*	SuS überlegen in welcher Phase ihres Referateplans sie sich befinden SuS sammeln Informationen aus vorherigen Stunden für ihre Plakate SuS beginnen mit der Anfertigung der Plakate SuS werden durch die LA betreut, und auf eventuelle Probleme hingewiesen - 5 Minuten Pause -	Gruppenarbeit Differenzierung: Durch unterschiedliche Leistungsniveaus in den Gruppen, sowie durch die Rollenverteilung bekommt jeder die Möglichkeit nach seinem Können zu arbeiten Plakate, Stifte	Durchführung einer Referartsvorbereitung erlernen und anwenden
Arbeitsphase 2 *30 Minuten*	SuS arbeiten an ihren Plakaten SuS werden nach dem aktuellen Stand gefragt SuS können nach Beendigung anfangen, die Präsentation aufzuteilen	Gruppenarbeit Differenzierung: Durch unterschiedliche Leistungsniveaus in den Gruppen, sowie durch die Rollenverteilung bekommt jeder die Möglichkeit nach seinem Können zu arbeiten	Durchführung einer Referartsvorbereitung erlernen und anwenden

Abschlussreflexion 10 Minuten	SuS reflektieren die Stunde und stellen Fragen SuS werden durch LA über den weiteren Verlauf aufgeklärt	Arbeit mit der ganzen Klasse	Durchführung einer Referartsvorbereitung erlernen und anwenden

Unterrichtsverlaufsplan Projektwoche „England" im Fach Kochen

Klasse 4. Freitag Erste und Zweite Stunde

Zeit/Phase	Lernaktivität der Schülerinnen und Schüler	Kommentar/ Sozialform/Medien	Kompetenzen
Vorbereitung des Frühstücks und Essens für die Präsentationen 60 Minuten	SuS werden in Gruppen aufgeteilt: Eine Gruppe bereitet ein englisches Frühstück vor Die andere Gruppe backt Apple Pies und Scones, die bei den Präsentationen später gegessen werden können Die passenden Mengenangaben und Verhältnisse der Zutaten stehen an einer Extratafel. Außerdem werden die Namen der Zutaten den SuS auf Englisch beigebracht. SuS schreiben nebenbei die Rezebte von der Tafel auf ein Blatt ab.	Gruppenarbeit Differenzierung: SuS können sich nach ihrem eigenen Interesse in die Gruppen einteilen; keiner wird ausgeschlossen; jeder hat eine Aufgabe aufgrund seines Könnens	Teamfähigkeit Konzentration Geduld gewissenhafter Umgang mit Küchengeräten Rechenfähigkeit Erweiterung des englischen Wortschatzes
Gemeinsames Frühstück und Aufräumen 30 Minuten	Das englische Frühstück wird gemeinsam gegessen	SuS testen die englische Küche SuS verspeisen das Ergebnis ihres gemeinsamen Kochens	Erweiterung des kulturellen Horizonts Stärkung des Klassengefühls

Unterrichtsverlaufsplan Projektwoche „England" Vorbereitung und Präsentation

Klasse 4. Freitag Dritte/Vierte Stunde, 90 Minuten

Zeit / Phase	Lernaktivität der Schülerinnen und Schüler	Kommentar/ Sozialform/ Medien	Kompetenzen

Zeit / Phase	Lernaktivität der Schülerinnen und Schüler	Kommentar/ Sozialform/ Medien	Kompetenzen
Einleitung *5 Minuten*	SuS lenken ihre Aufmerksamkeit nach vorne. SuS werden von LA angeleitet, die vorherigen Stunden zu reflektieren und gelerntes auf ihre Präsentation anzuwenden SuS finden sich in ihren Referatsgruppen ein	Arbeit mit der ganzen Klasse Gruppentische	Durchführung einer Referartsvorbereitung erlernen und anwenden
Arbeitsphase 1 *40 Minuten*	SuS überlegen in welcher Phase ihres Referateplans sie sich befinden SuS sammeln Informationen aus vorherigen Stunden für ihre Plakate SuS beenden die Arbeit an den Plakaten und erstellen Notizen für die anschließende Präsentation und bereiten den Klassenraum für die Präsentation vor	Gruppenarbeit Differenzierung: Durch unterschiedliche Leistungsniveaus in den Gruppen, sowie durch die Rollenverteilung bekommt jeder die Möglichkeit nach seinem Können zu arbeiten Plakate, Stifte	Durchführung einer Referartsvorbereitung erlernen und anwenden
Arbeitsphase 2 und Reflexion *45 Minuten*	Zuschauer (Eltern und Mitschüler) betreten den Klassenraum SuS präsentieren vor den Zuschauern	Präsentation Differenzierung: Durch unterschiedliche Leistungsniveaus in den Gruppen, sowie durch die Rollenverteilung bekommt jeder die Möglichkeit nach seinem Können zu arbeiten	Referate/Vorträge halten

Unterrichtsverlaufsplan Projektwoche „England", Reflexion

Klasse 4. Freitag fünfte Stunde, 45 Minuten

Zeit / Phase	Lernaktivität der Schülerinnen und Schüler	Kommentar/ Sozialform/ Medien	Kompetenzen
	SuS lenken ihre Aufmerksamkeit nach vorne.		

Einleitung **10 Minuten**	LA hat vier Stühle ausgestellt mit den Rückseiten zu den Schülern. An den Lehnen kleben Zettel mit den Aufschriften: -„Das hat mir gut gefallen" -„Das hätte besser sein können" -„Das nehme ich mit" -„Das will ich noch loswerden" LA erklärt den Schülern den Ablauf	Arbeit mit der ganzen Klasse Kinositz	Vorbereitung auf die Reflexion, SuS denken über das Erlebte nach
Arbeitsphase 1 **Durchführung** **25 Minuten**	SuS gehen nacheinander zu den Stühlen, stellen sich hinten dran und erläutern ihre Gefühle und Gedanken zu den verschiedenen Sätzen Die restlichen SuS und die LA hören zu und bewerten nicht	Kinositz Jeder Schüler kann freiwillig daran teilnehmen Zum Schluss gibt auch die LA ihr Kommentar zu allen Bereichen ab und reflektiert vor den Schülern/ lobt sie für ihre Arbeit und ihren Einsatz	SuS haben die Möglichkeit ihren Gedanken und Gefühlen freien Lauf zu lassen und einen guten Abschluss für das Projekt zu finden
Abschluss **10 Minuten**	SuS packen ihre gesammelten Materialien der Woche zusammen SuS legen ihre Hand auf ein Blatt Papier und schreiben in die fünf verschiedenen Finger ihre Gedanken zu: -Daumen: Das fand ich gut -Zeigefinger: Darauf möchte ich hinweisen -Mittelfinger: Das hat mir gestunken -Ringfinger: Das halte ich ewig in Erinnerung Kleiner Finger: Das möchte ich noch sagen	LA sammelt die Hände ein und klebt sie auf ein Plakat. SuS können selbst entscheiden ob sie ihren Namen auf die Hand schreiben möchten oder nicht. Das Reflexionsplakat wird in der Klasse aufgehangen	Veranschaulichung von Reflexion, gemeinsamer Abschluss